November 30, 2

To: Kylie

From: Mom

Happy Reading

Love Ya!

Este Libro
de Inspiraciones
de Bolsillo Se Presenta

A:

_____

Por:

_____

Fecha:

_____

Salmos

Un Tesoro de los Salmos Preferidos

WORTHY®
Latino

Índice

Índice

¡Bendito sea Jehová!

Bendito sea Jehová,
que oyó la voz de mis ruegos.
Jehová es mi fortaleza y mi escudo;
en él confió mi corazón, y fui ayudado,
por lo que se gozó mi corazón,
y con mi cántico le alabaré.

Salmo 28:6–7

Has cambiado mi lamento en baile;
desataste mi cilicio, y me ceñiste de alegría.
Por tanto, a ti cantaré, gloria mía, y no estaré callado.
Jehová Dios mío, te alabaré para siempre.

Salmo 30:11–12

Viva Jehová, y bendita sea mi roca,
y enaltecido sea el Dios de mi salvación.

Salmo 18:46

Sean gratos los dichos de mi boca y la
meditación de mi corazón delante de ti,
Oh Jehová, roca mía, y redentor mío.

Salmo 19:14

Envía tu luz y tu verdad; éstas me guiarán;
me conducirán a tu santo monte,
y a tus moradas. Entraré al altar de Dios,
al Dios de mi alegría y de mi gozo;
y te alabaré con arpa, oh Dios, Dios mío.
¿Por qué te abates, oh alma mía,
y por qué te turbas dentro de mí?
Espera en Dios; porque aún he de alabarle,
salvación mía y Dios mío.

Salmo 43:3–5

Recuerda

Me acordaré de las obras de JAH;
sí, haré yo memoria de tus maravillas antiguas.
Meditaré en todas tus obras,
y hablaré de tus hechos.
Oh Dios, santo es tu camino;
¿Qué dios es grande como nuestro Dios?
Tú eres el Dios que hace maravillas;
hiciste notorio en los pueblos tu poder.
Con tu brazo redimiste a tu pueblo,
a los hijos de Jacob y de José.

SALMO 77:11–15

Alabad a Jehová, porque él es bueno,
Porque para siempre es su misericordia.
Alabad al Dios de los dioses,
Porque para siempre es su misericordia.
Alabad al Señor de los señores,
Porque para siempre es su misericordia.
Al único que hace grandes maravillas,
Porque para siempre es su misericordia.

SALMO 136:1–4

Confía en el Señor

Oh, alaba a Dios por todo lo que tienes
y confía en Él para todo lo que deseas!

JOHN WESLEY

Fuente de los arroyos refrescantes de mi vida,
Cuya presencia en mi corazón me sostiene,
Tu amor dispone para mí cosas placenteras,
Tu misericordia ordena todo lo que me angustia.

A. L. WARING

Deléitate en el Señor

Deléitate asimismo en Jehová,
Y él te concederá las peticiones de tu corazón.
Encomienda a Jehová tu camino,
Y confía en él; y él hará.
Exhibirá tu justicia como la luz,
Y tu derecho como el mediodía.

Salmo 37:4–6

Entonces mi alma se alegrará en Jehová;
se regocijará en su salvación.
Todos mis huesos dirán: Jehová, ¿quién como tú,
que libras al afligido del más fuerte que él,
y al pobre y menesteroso del que le despoja?

Salmo 35:9–10

En la multitud de mis pensamientos dentro de mí,
tus consolaciones alegraban mi alma.

Salmo 94:19

Bendeciré a Jehová en todo tiempo;
su alabanza estará de continuo en mi boca.
En Jehová se gloriará mi alma;
lo oirán los mansos, y se alegrarán.
Engrandeced a Jehová conmigo,
y exaltemos a una su nombre.

Salmo 34:1–3

Sacrificio y ofrenda no te agrada;
has abierto mis oídos;
holocausto y expiación no has demandado.
Entonces dije: He aquí, vengo;
en el rollo del libro está escrito de mí;
el hacer tu voluntad, Dios mío, me ha agradado,
y tu ley está en medio de mi corazón.

Salmo 40:6–8

Vengan a mí tus misericordias, para que viva,
porque tu ley es mi delicia.

Salmo 119:77

Camina con el Señor

Bienaventurado el varón que no
anduvo en consejo de malos,
ni estuvo en camino de pecadores,
ni en silla de escarnecedores se ha sentado;
sino que en la ley de Jehová está su delicia,
y en su ley medita de día y de noche.
Será como árbol plantado junto a corrientes de
aguas, que da su fruto en su tiempo,
y su hoja no cae; y todo lo que hace, prosperará.

SALMO 1:1-3

Guíame, Jehová, en tu justicia...
endereza delante de mí tu camino.

SALMO 5:8

Bienaventurados los perfectos de camino,
los que andan en la ley de Jehová.
Bienaventurados los que guardan sus testimonios,
y con todo el corazón le buscan.

SALMO 119:1-2

*Cuando caminamos con el Señor a la luz
de Su palabra, ¡qué gloria en nuestro camino
Él derrama! Mientras hacemos Su buena voluntad,
Él aún permanece con nosotros, y con todo aquel
que en Él confíe y le obedezca.*

JOHN STAMMIS

*Otros libros fueron dados para nuestra información;
la Biblia fue dada para nuestra transformación.*

Anhelo por Dios

Porque mejor es un día en tus atrios
que mil fuera de ellos.
Escogería antes estar a la puerta de
la casa de mi Dios,
que habitar en las moradas de maldad.

SALMO 84:10

Clamé a ti, oh Jehová;
dije: Tú eres mi esperanza,
y mi porción en la tierra de los vivientes.

SALMO 142:5

Enséñame, oh Jehová, tu camino;
caminaré yo en tu verdad; afirma
mi corazón para que tema tu nombre. Te alabaré,
oh Jehová Dios mío, con todo mi corazón,
y glorificaré tu nombre para siempre.

SALMO 86:11–12

Extendí mis manos a ti,
mi alma a ti como la tierra sedienta.

SALMO 143:6

La casa de Jehová

El justo florecerá como la palmera;
crecerá como cedro en el Líbano.
Plantados en la casa de Jehová,
en los atrios de nuestro Dios florecerán.
Aun en la vejez fructificarán;
estarán vigorosos y verdes, para anunciar
que Jehová mi fortaleza es recto,
y que en él no hay injusticia.

SALMO 92:12–15

Apártate del mal, y haz el bien,
y vivirás para siempre.
Porque Jehová ama la rectitud,
y no desampara a sus santos.
Para siempre serán guardados; ...
Los justos heredarán la tierra,
y vivirán para siempre sobre ella.

SALMO 37:27–29

Bienaventurado todo aquel que teme a Jehová,
que anda en sus caminos.
Cuando comieres el trabajo de tus manos,
bienaventurado serás, y te irá bien.

SALMO 128:1–2

Exalta a Jehová

Se alegró por tanto mi corazón, y se gozó mi alma;
mi carne también reposará confiadamente;
porque no dejarás mi alma en el Seol,
ni permitirás que tu santo vea corrupción.
Me mostrarás la senda de la vida;
en tu presencia hay plenitud de gozo;
delicias a tu diestra para siempre.

SALMO 16:9–11

La salvación es de Jehová;
Sobre tu pueblo sea tu bendición.

SALMO 3:8

Mirad, bendecid a Jehová,
Vosotros todos los siervos de Jehová,
Los que en la casa de Jehová estáis por las noches.
Alzad vuestras manos al santuario,
Y bendecid a Jehová.
Desde Sion te bendiga Jehová,
El cual ha hecho los cielos y la tierra.

SALMO 134:1–3

Exaltad a Jehová nuestro Dios,
Y postraos ante el estrado de sus pies;
Él es santo.

SALMO 99:5

Porque dije: Para siempre será
edificada misericordia;
En los cielos mismos afirmarás tu verdad.

SALMO 89:2

Alabaré a Jehová conforme a su justicia,
Y cantaré al nombre de Jehová el Altísimo.

SALMO 7:17

Alegraos, oh justos, en Jehová;
En los íntegros es hermosa la alabanza.
Aclamad a Jehová con arpa;
Cantadle con salterio y decacordio.
Cantadle cántico nuevo;
Hacedlo bien, tañendo con júbilo.

SALMO 33:1-3

Mi Proveedor

Los ojos de todos esperan en ti,
Y tú les das su comida a su tiempo.
Abres tu mano,
Y colmas de bendición a todo ser viviente.
Cercano está Jehová a todos los que le invocan,
A todos los que le invocan de veras.
Cumplirá el deseo de los que le temen;
Oirá asimismo el clamor de ellos, y los salvará.

Salmo 145:15-16, 18-19

El es el que en nuestro abatimiento
se acordó de nosotros,
Porque para siempre es su misericordia;
El que da alimento a todo ser viviente,
Porque para siempre es su misericordia.

Salmo 136:23, 25

Cantad a Jehová con alabanza, ...
El que prepara la lluvia para la tierra,
El que hace a los montes producir hierba.
El da a la bestia su mantenimiento,
Y a los hijos de los cuervos que claman.

Salmo 147:7-9

Mi torre fuerte

Oye, oh Dios, mi clamor;
A mi oración atiende.
Desde el cabo de la tierra clamaré a ti, cuando
mi corazón desmayare.
Llévame a la roca que es más alta que yo,
Porque tú has sido mi refugio,
Y torre fuerte delante del enemigo.
Yo habitaré en tu tabernáculo para siempre;
Estaré seguro bajo la cubierta de tus alas.

SALMO 61:1-4

Bendito sea Jehová, mi roca,
Quien adiestra mis manos para la batalla,
Y mis dedos para la guerra;
Misericordia mía y mi castillo,
Fortaleza mía y mi libertador,
Escudo mío, en quien he confiado;
El que sujeta a mi pueblo debajo de mí.

SALMO 144:1-2

*El mismo Dios que guía
a las estrellas en su curso,
que dirige a la tierra en su órbita,
que alimenta el horno ardiente del sol,
y que mantiene a las estrellas ardiendo
perpetuamente con sus fuegos...
el mismo Dios ha prometido
suplir tu fortaleza.*

CHARLES SPURGEON

Bendice Su nombre

Bendice, alma mía, a Jehová,
Y bendiga todo mi ser su santo nombre.
Bendice, alma mía, a Jehová,
Y no olvides ninguno de sus beneficios.
Él es quien perdona todas tus iniquidades,
El que sana todas tus dolencias;
El que rescata del hoyo tu vida,
El que te corona de favores y misericordias;
El que sacia de bien tu boca
De modo que te rejuvenezcas como el águila.

SALMO 103:1-5

Alabad a Jehová desde los cielos;
Alabadle en las alturas.
Alabadle, vosotros todos sus ángeles;
Alabadle, vosotros todos sus ejércitos.
Alabadle, sol y luna;
Alabadle, vosotras todas, lucientes estrellas.
Alabadle, cielos de los cielos,
Y las aguas que están sobre los cielos.
Alaben el nombre de Jehová;
Porque él mandó, y fueron creados.

SALMO 148:1-5

Proclama Su justicia

Canten y alégrense los que están
a favor de mi justa causa,
y digan siempre: Sea exaltado Jehová,
que ama la paz de su siervo.
y mi lengua hablará de tu justicia
y de tu alabanza todo el día.

SALMO 35:27-28

Porque recta es la palabra de Jehová,
y toda su obra es hecha con fidelidad.
Él ama justicia y juicio;
de la misericordia de Jehová está llena la tierra.

SALMO 33:4-5

Tu justicia, oh Dios, hasta lo excelso.
Tú has hecho grandes cosas;
oh Dios, ¿quién como tú?

SALMO 71:19

Jehová es el que hace justicia
y derecho a todos los que padecen violencia.

SALMO 103:6

Tú lo has visto; porque miras el trabajo
y la vejación, para dar la recompensa con tu mano;
A ti se acoge el desvalido;
Tú eres el amparo del huérfano.
Quebranta tú el brazo del inicuo,
y persigue la maldad del malo
hasta que no halles ninguna.
Jehová es Rey eternamente y para siempre;
de su tierra han perecido las naciones.
El deseo de los humildes oíste, oh Jehová;
tú dispones su corazón, y haces atento tu oído,
para juzgar al huérfano y al oprimido,
a fin de que no vuelva más a hacer violencia
el hombre de la tierra.

SALMO 10:14–18

Porque Jehová es justo, y ama la justicia;
El hombre recto mirará su rostro.

SALMO 11:7

Padre compasivo

Misericordioso y clemente es Jehová;
Lento para la ira, y grande en misericordia.
No contenderá para siempre,
Ni para siempre guardará el enojo.
No ha hecho con nosotros conforme
a nuestras iniquidades,
Ni nos ha pagado conforme a nuestros pecados.
Porque como la altura de los cielos sobre la tierra,
Engrandeció su misericordia sobre los que le temen.
Cuanto está lejos el oriente del occidente,
Hizo alejar de nosotros nuestras rebeliones.
Como el padre se compadece de los hijos,
Se compadece Jehová de los que le temen.

SALMO 103:8-13

Padre de huérfanos y defensor de viudas
Es Dios en su santa morada.

SALMO 68:5

Duermo en paz

Muchos son los que dicen:
¿Quién nos mostrará el bien?
Alza sobre nosotros, oh Jehová,
la luz de tu rostro.
Tú diste alegría a mi corazón
Mayor que la de ellos cuando abundaba
su grano y su mosto.
En paz me acostaré, y asimismo dormiré;
Porque solo tú, Jehová, me haces vivir confiado.

Salmo 4:6–8

Con mi voz clamé a Jehová,
Y él me respondió desde su monte santo.
Yo me acosté y dormí,
Y desperté, porque Jehová me sustentaba.

Salmo 3:4–5

Por demás es que os levantéis de madrugada,
y vayáis tarde a reposar,
Y que comáis pan de dolores;
Pues que a su amado dará Dios el sueño.

Salmo 127:2

Ayudador al menesteroso

Él levanta del polvo al pobre,
Y al menesteroso alza del muladar,
Para hacerlos sentar con los príncipes,
Con los príncipes de su pueblo.
Él hace habitar en familia a la estéril,
Que se goza en ser madre de hijos.
Aleluya.

<small>SALMO 113:7–9</small>

Jehová guarda a los sencillos;
Estaba yo postrado, y me salvó.
Vuelve, oh alma mía, a tu reposo,
Porque Jehová te ha hecho bien.
Pues tú has librado mi alma de la muerte,
Mis ojos de lágrimas,
Y mis pies de resbalar.
Andaré delante de Jehová
En la tierra de los vivientes.

<small>SALMO 116:6–9</small>

Yo alabaré a Jehová en gran manera con mi boca,
Y en medio de muchos le alabaré.
Porque él se pondrá a la diestra del pobre,
Para librar su alma de los que le juzgan.

Salmo 109:30-31

Dios hace habitar en familia a los desamparados;
Saca a los cautivos a prosperidad;
Mas los rebeldes habitan en tierra seca.

Salmo 68:6

Por la opresión de los pobres, por el gemido
de los menesterosos,
Ahora me levantaré, dice Jehová;
Pondré en salvo al que por ello suspira.

Salmo 12:5

Porque él librará al menesteroso que clamare,
Y al afligido que no tuviere quien le socorra.

Salmo 72:12

El habla paz

La vida exterior de Cristo fue una de las vidas más turbulentas jamás vividas; tempestad y conmoción, conmoción y tempestad, las olas rompiendo sobre ella todo el tiempo... Pero la vida interior fue un mar de cristal. La inmensa calma siempre estuvo allí.

Henry Drummond

El conocimiento de que nunca estamos solos calma el turbulento mar de nuestras vidas y pronuncia paz a nuestras almas.

A. W. Tozer

Mi Pastor

Jehová es mi pastor; nada me faltará.
En lugares de delicados pastos me hará descansar;
junto a aguas de reposo me pastoreará.
Confortará mi alma;
me guiará por sendas de justicia
por amor de su nombre.
Aunque ande en valle de sombra de muerte,
no temeré mal alguno, porque tú estarás conmigo;
tu vara y tu cayado me infundirán aliento.
Aderezas mesa delante de mí
en presencia de mis angustiadores;
unges mi cabeza con aceite; mi copa está rebosando.
Ciertamente el bien y la misericordia me seguirán
todos los días de mi vida,
y en la casa de Jehová moraré por largos días.

SALMO 23:1–6

Canta con alegría

Aclamad a Dios con alegría, toda la tierra.
Cantad la gloria de su nombre;
poned gloria en su alabanza.
Decid a Dios: ¡Cuán asombrosas son tus obras!
Por la grandeza de tu poder se
someterán a ti tus enemigos.
Toda la tierra te adorará,
y cantará a ti;
Cantarán a tu nombre.

Salmo 66:1–4

Asimismo yo te alabaré con
instrumento de salterio,
oh Dios mío; tu verdad cantaré a ti en el arpa,
oh Santo de Israel.
Mis labios se alegrarán cuando cante a ti,
y mi alma, la cual redimiste.

Salmo 71:22–23

Canto al omnipotente poder de Dios,
que hizo levantar las montañas;
que extendió al mar por doquier,
que construyó el encumbrado cielo.
Canto a la sabiduría que ordenó
al sol a gobernar el día;
a la luna llena a brillar ante Su mandato,
y a que todas las estrellas le obedezcan.

ISAAC WATTS

Tu Palabra, nuestro gozo

Por heredad he tomado tus testimonios para siempre,
porque son el gozo de mi corazón.
Mi corazón incliné a cumplir tus estatutos
de continuo, hasta el fin.

SALMO 119:111–112

La ley de Jehová es perfecta, que convierte el alma;
El testimonio de Jehová es fiel,
que hace sabio al sencillo.
Los mandamientos de Jehová son rectos,
que alegran el corazón;
el precepto de Jehová es puro,
que alumbra los ojos.
El temor de Jehová es limpio,
que permanece para siempre;
los juicios de Jehová son verdad, todos justos.
Deseables son más que el oro,
y más que mucho oro afinado;
y dulces más que miel,
y que la que destila del panal.

SALMO 19:7–10

Oíd esto, pueblos todos;
escuchad, habitantes todos del mundo,
así los plebeyos como los nobles,
el rico y el pobre juntamente.
Mi boca hablará sabiduría,
y el pensamiento de mi corazón inteligencia.
Inclinaré al proverbio mi oído;
declararé con el arpa mi enigma.

Salmo 49:1–4

Tus testimonios son muy firmes;
la santidad conviene a tu casa,
oh Jehová, por los siglos y para siempre.

Salmo 93:5

Me regocijaré en tus estatutos;
no me olvidaré de tus palabras.

Salmo 119:16

Su fidelidad

Alabad a Jehová, naciones todas;
pueblos todos, alabadle.
Porque ha engrandecido sobre nosotros su misericordia,
y la fidelidad de Jehová es para siempre.

Salmo 117:1-2

Confía en Jehová, y haz el bien;
y habitarás en la tierra,
y te apacentarás de la verdad.

Salmo 37:3

Ha dado alimento a los que le temen;
para siempre se acordará de su pacto.
El poder de sus obras manifestó a su pueblo,
dándole la heredad de las naciones.
Las obras de sus manos son verdad y juicio;
fieles son todos sus mandamientos,
afirmados eternamente y para siempre,
hechos en verdad y en rectitud.

Salmo 111:5-8

Ángeles te cuidan

Porque has puesto a Jehová,
que es mi esperanza,
al Altísimo por tu habitación,
no te sobrevendrá mal,
ni plaga tocará tu morada.
Pues a sus ángeles mandará acerca de ti,
que te guarden en todos tus caminos.
En las manos te llevarán,
para que tu pie no tropiece en piedra.

SALMO 91:9–12

Jehová estableció en los cielos su trono,
y su reino domina sobre todos.
Bendecid a Jehová, vosotros sus ángeles,
poderosos en fortaleza, que ejecutáis su palabra,
obedeciendo a la voz de su precepto.
Bendecid a Jehová, vosotros todos sus ejércitos,
ministros suyos, que hacéis su voluntad.

SALMO 103:19–21

Dad a Jehová la gloria

Gustad, y ved que es bueno Jehová;
dichoso el hombre que confía en él.
Temed a Jehová, vosotros sus santos,
pues nada falta a los que le temen.

SALMO 34:8-9

Tributad a Jehová, oh hijos de los poderosos,
dad a Jehová la gloria y el poder.
Dad a Jehová la gloria debida a su nombre;
adorad a Jehová en la hermosura de la santidad.

SALMO 29:1-2

Dad a Jehová la honra debida a su nombre;
traed ofrendas, y venid a sus atrios.
Adorad a Jehová en la hermosura de la santidad;
temed delante de él, toda la tierra.
Decid entre las naciones: Jehová reina.
También afirmó el mundo, no será conmovido;
juzgará a los pueblos en justicia.

SALMO 96:8-10

Cómo he de expresar lo que Dios por mí ha hecho
que sin merecer dio su sangre carmesí,
ni las voces de un millón de ángeles
expresarán mi gratitud,
todo lo que soy y lo que anhelo ser,
lo debo todo a Él.

A Dios sea la gloria,
por lo que hizo en mí,
con su sangre me ha lavado
con su poder me ha levantado
a Dios sea la gloria por lo que Él hizo en mí.

FANNY CROSBY

33

La bendición de una familia

He aquí, herencia de Jehová son los hijos;
cosa de estima el fruto del vientre.
como saetas en mano del valiente,
así son los hijos habidos en la juventud.
Bienaventurado el hombre que llenó su aljaba de ellos.

SALMO 127:3-5

El consejo de Jehová permanecerá para siempre;
los pensamientos de su corazón
por todas las generaciones.

SALMO 33:11

La posteridad le servirá;
esto será contado de Jehová hasta
la postrera generación.
Vendrán, y anunciarán su justicia;
a pueblo no nacido aún, anunciarán que él hizo esto.

SALMO 22:30-31

Tus hijos como plantas de olivo
alrededor de tu mesa.
He aquí que así será bendecido el hombre
que teme a Jehová.

Salmo 128:3-4

Las cuales hemos oído y entendido;
que nuestros padres nos las contaron.
No las encubriremos a sus hijos,
contando a la generación venidera
las alabanzas de Jehová,
y su potencia, y las maravillas que hizo.

Salmo 78:3-4

Se escribirá esto para la generación venidera;
y el pueblo que está por nacer alabará a JAH.

Salmo 102:18

Alzo mis ojos

Alzaré mis ojos a los montes;
¿De dónde vendrá mi socorro?
Mi socorro viene de Jehová,
que hizo los cielos y la tierra.
No dará tu pie al resbaladero,
ni se dormirá el que te guarda.
He aquí, no se adormecerá ni dormirá
el que guarda a Israel.

SALMO 121:1–4

Los que confían en Jehová
son como el monte de Sion,
que no se mueve, sino que permanece para siempre.
Como Jerusalén tiene montes alrededor de ella,
así Jehová está alrededor de su pueblo
desde ahora y para siempre.

SALMO 125:1–2

Claman los justos, y Jehová oye,
y los libra de todas sus angustias.
Cercano está Jehová a los quebrantados de corazón;
y salva a los contritos de espíritu.

SALMO 34:17–18

Líbrame

En ti, oh Jehová, me he refugiado;
no sea yo avergonzado jamás.
Socórreme y líbrame en tu justicia;
inclina tu oído y sálvame.
Sé para mí una roca de refugio,
adonde recurra yo continuamente.
Tú has dado mandamiento para salvarme,
porque tú eres mi roca y mi fortaleza.
Dios mío, líbrame de la mano del impío,
de la mano del perverso y violento.
Porque tú, oh Señor Jehová, eres mi esperanza,
seguridad mía desde mi juventud.
En ti he sido sustentado desde el vientre;
de las entrañas de mi madre tú fuiste el que me sacó;
de ti será siempre mi alabanza.

Salmo 71:1-6

Mi corazón está dispuesto

Ten misericordia de mí, oh Dios,
ten misericordia de mí;
porque en ti ha confiado mi alma,
y en la sombra de tus alas me ampararé
hasta que pasen los quebrantos.
Clamaré al Dios Altísimo,
al Dios que me favorece.
Él enviará desde los cielos, y me salvará ...
Dios enviará su misericordia y su verdad.

SALMO 57:1–3

Pronto está mi corazón, oh Dios,
mi corazón está dispuesto;
cantaré, y trovaré salmos.
Despierta, alma mía; despierta, salterio y arpa;
me levantaré de mañana.
Te alabaré entre los pueblos, oh Señor;
cantaré de ti entre las naciones.
Porque grande es hasta los cielos tu misericordia,
y hasta las nubes tu verdad.
Exaltado seas sobre los cielos, oh Dios;
sobre toda la tierra sea tu gloria.

SALMO 57:7–11

Señor, si retiras Tu mano,
no hay gracia.
Si dejas de guiarnos, carecemos de sabiduría.
Si dejas de defendernos, nos falta valor.
Si no nos fortaleces,
nuestra decencia queda vulnerable.
Si no mantienes tu sagrado cuidado sobre nosotros,
nuestra vigilancia no puede protegernos.
Solos nos hundimos, perecemos;
cuando estás con nosotros, nos edificamos, vivimos.
Somos inseguros, Tú nos das firmeza.
Somos tibios, Tú nos inflamas.

THOMAS À KEMPIS

Señor de los cielos

Todo lo que Jehová quiere, lo hace,
en los cielos y en la tierra,
en los mares y en todos los abismos.
Hace subir las nubes de los extremos de la tierra;
hace los relámpagos para la lluvia;
saca de sus depósitos los vientos.

<small>Salmo 135:6–7</small>

Al que hizo los cielos con entendimiento,
porque para siempre es su misericordia.
Al que extendió la tierra sobre las aguas,
porque para siempre es su misericordia.
Al que hizo las grandes lumbreras,
porque para siempre es su misericordia.
El sol para que señorease en el día,
porque para siempre es su misericordia.
La luna y las estrellas para que señoreasen en la noche,
porque para siempre es su misericordia.

<small>Salmo 136:5–9</small>

En mi angustia invoqué a Jehová,
y clamé a mi Dios.
El oyó mi voz desde su templo,
y mi clamor llegó delante de él, a sus oídos.
Inclinó los cielos, y descendió;
y había densas tinieblas debajo de sus pies.
Cabalgó sobre un querubín, y voló;
voló sobre las alas del viento.
Puso tinieblas por su escondedero,
por cortina suya alrededor de sí;
oscuridad de aguas, nubes de los cielos.
Por el resplandor de su presencia, sus nubes pasaron;
granizo y carbones ardientes.
Tronó en los cielos Jehová,
y el Altísimo dio su voz;
granizo y carbones de fuego.
Envió sus saetas, y los dispersó;
lanzó relámpagos, y los destruyó.

Entonces aparecieron los abismos de las aguas,
y quedaron al descubierto los cimientos del mundo,
a tu reprensión, oh Jehová,
por el soplo del aliento de tu nariz.
Envió desde lo alto; me tomó,
me sacó de las muchas aguas.

Salmo 18:6, 9–16

41

Una fe humilde

Jehová, no se ha envanecido mi corazón,
ni mis ojos se enaltecieron;
ni anduve en grandezas,
ni en cosas demasiado sublimes para mí.
En verdad que me he comportado y he acallado mi alma
como un niño destetado de su madre;
como un niño destetado está mi alma.
Espera, oh Israel, en Jehová,
desde ahora y para siempre.

<small>SALMO 131:1–3</small>

Te alabarán, oh Jehová, todos los reyes de la tierra,
porque han oído los dichos de tu boca.
Y cantarán de los caminos de Jehová,
porque la gloria de Jehová es grande.
Porque Jehová es excelso, y atiende al humilde,
mas al altivo mira de lejos.

<small>SALMO 138:4–6</small>

Porque Jehová tiene contentamiento en su pueblo;
hermoseará a los humildes con la salvación.

<small>SALMO 149:4</small>

Tus muchas maravillas

Pacientemente esperé a Jehová,
y se inclinó a mí, y oyó mi clamor.
Y me hizo sacar del pozo de la desesperación,
del lodo cenagoso;
puso mis pies sobre peña, y enderezó mis pasos.
Puso luego en mi boca cántico nuevo,
alabanza a nuestro Dios.
Verán esto muchos, y temerán,
y confiarán en Jehová. ...
Has aumentado, oh Jehová Dios mío, tus maravillas;
y tus pensamientos para con nosotros,
no es posible contarlos ante ti.
Si yo anunciare y hablare de ellos,
no pueden ser enumerados.

SALMO 40:1–5

Muchas son las aflicciones del justo,
pero de todas ellas le librará Jehová.
Jehová redime el alma de sus siervos,
y no serán condenados cuantos en él confían.

SALMO 34:19, 22

43

Alaba al Señor diariamente

Cada día te bendeciré,
y alabaré tu nombre eternamente y para siempre.

SALMO 145:2

Pero yo cantaré de tu poder,
y alabaré de mañana tu misericordia;
porque has sido mi amparo
y refugio en el día de mi angustia.

SALMO 59:16

Siete veces al día te alabo
a causa de tus justos juicios.

SALMO 119:164

Cantad a Jehová, vosotros sus santos,
y celebrad la memoria de su santidad.
Porque un momento será su ira,
pero su favor dura toda la vida.
Por la noche durará el lloro,
y a la mañana vendrá la alegría.

SALMO 30:4–5

Por todas las bendiciones del año,
por todas las amistades que apreciamos,
por la paz en la tierra, tanto lejana como cercana,
te damos gracias, Señor.

Por la vida y la salud, por esas cosas comunes,
que cada día y cada hora traen,
por el hogar, donde se aferra nuestro amor,
te damos gracias, Señor.

Por tu amor, que nunca se cansa,
ese que inspira nuestros mejores pensamientos,
y calienta nuestras vidas con fuegos celestiales,
te damos gracias, Señor.

ALBERT H. HUTCHINSON

Tu misericordia

Jehová, hasta los cielos llega tu misericordia,
y tu fidelidad alcanza hasta las nubes.
Tu justicia es como los montes de Dios,
tus juicios, abismo grande.
Oh Jehová, al hombre y al animal conservas.
¡Cuán preciosa, oh Dios, es tu misericordia!
Por eso los hijos de los hombres se amparan bajo la
sombra de tus alas.
Serán completamente saciados de la grosura de tu casa,
y tú los abrevarás del torrente de tus delicias.
Porque contigo está el manantial de la vida;
en tu luz veremos la luz.
Extiende tu misericordia a los que te conocen,
y tu justicia a los rectos de corazón.

SALMO 36:5-10

Muéstranos, oh Jehová, tu misericordia,
y danos tu salvación.

SALMO 85:7

Dios reina

Porque Dios es el Rey de toda la tierra;
cantad con inteligencia.
Reinó Dios sobre las naciones;
se sentó Dios sobre su santo trono.
Los príncipes de los pueblos se reunieron
como pueblo del Dios de Abraham;
porque de Dios son los escudos de la tierra;
él es muy exaltado.

Salmo 47:7-10

Tú con tu mano echaste las naciones,
y los plantaste a ellos;
afligiste a los pueblos, y los arrojaste.
Porque no se apoderaron de la tierra por su espada,
ni su brazo los libró;
sino tu diestra, y tu brazo, y la luz de tu rostro,
porque te complaciste en ellos.

Salmo 44:2-3

Presencia constante

Detrás y delante me rodeaste,
Y sobre mí pusiste tu mano.
¿A dónde me iré de tu Espíritu?
¿Y a dónde huiré de tu presencia?
Si subiere a los cielos, allí estás tú;
Y si en el Seol hiciere mi estrado,
He aquí, allí tú estás.
Si tomare las alas del alba
Y habitare en el extremo del mar,
Aun allí me guiará tu mano,
Y me asirá tu diestra.
Si dijere: Ciertamente las tinieblas me encubrirán;
Aun la noche resplandecerá alrededor de mí.
Aun las tinieblas no encubren de ti,
Y la noche resplandece como el día;
Lo mismo te son las tinieblas que la luz.

Salmo 139:5, 7–12

La voz de Jehová

Voz de Jehová sobre las aguas;
truena el Dios de gloria,
Jehová sobre las muchas aguas.
Voz de Jehová con potencia;
voz de Jehová con gloria.

Salmo 29:3–4

Te vieron las aguas, oh Dios;
las aguas te vieron, y temieron;
los abismos también se estremecieron.
Las nubes echaron inundaciones de aguas;
tronaron los cielos,
y discurrieron tus rayos.
La voz de tu trueno estaba en el torbellino;
tus relámpagos alumbraron el mundo;
se estremeció y tembló la tierra.
En el mar fue tu camino,
y tus sendas en las muchas aguas;
y tus pisadas no fueron conocidas.

Salmo 77:16–19

El dirige nuestro camino

Jehová cumplirá su propósito en mí;
tu misericordia, oh Jehová, es para siempre;
no desampares la obra de tus manos.

<small>SALMO 138:8</small>

Mi embrión vieron tus ojos,
y en tu libro estaban escritas todas aquellas cosas
que fueron luego formadas,
sin faltar una de ellas.

<small>SALMO 139:16</small>

Te haré entender, y te enseñaré
el camino en que debes andar;
sobre ti fijaré mis ojos.

<small>SALMO 32:8</small>

Hazme oír por la mañana tu misericordia,
porque en ti he confiado;
hazme saber el camino por donde ande,
porque a ti he elevado mi alma.

<small>SALMO 143:8</small>

Mi Dios, te entrego este día.
Te ofrezco, ahora,
todo el bien que pueda hacer
y prometo aceptar,
por Tu amor,
todas las dificultades que pueda encontrar.
Ayúdame a conducirme
durante este día
de una forma que te agrade a ti.
Amén.

FRANCIS OF SALES

El llevará tu carga

Y dije: ¡Quién me diese alas como de paloma!
volaría yo, y descansaría.
ciertamente huiría lejos;
moraría en el desierto.
Me apresuraría a escapar
del viento borrascoso, de la tempestad.
En cuanto a mí, a Dios clamaré;
y Jehová me salvará.
Tarde y mañana y a mediodía oraré y clamaré,
y él oirá mi voz.
Echa sobre Jehová tu carga, y él te sustentará;
no dejará para siempre caído al justo.

SALMO 55:6–8, 16–17, 22

Que hace justicia a los agraviados,
que da pan a los hambrientos.
Jehová liberta a los cautivos;
Jehová abre los ojos a los ciegos;
Jehová levanta a los caídos;
Jehová ama a los justos.

Salmo 146:7-8

Mas tú, Jehová, eres escudo alrededor de mí;
mi gloria, y el que levanta mi cabeza.

Salmo 3:3

Levanta de la miseria al pobre,
y hace multiplicar las familias como rebaños de ovejas.

Salmo 107:41

Salva a tu pueblo, y bendice a tu heredad;
y pastoréales y susténtales para siempre.

Salmo 28:9

Guíame, Jehová

Enséñame, oh Jehová, tu camino,
y guíame por senda de rectitud
a causa de mis enemigos.

SALMO 27:11

No se ha vuelto atrás nuestro corazón,
ni se han apartado de tus caminos nuestros pasos,

SALMO 44:18

La justicia irá delante de él,
y sus pasos nos pondrá por camino.

SALMO 85:13

Guíame por la senda de tus mandamientos,
porque en ella tengo mi voluntad.

SALMO 119:35

De tus mandamientos he adquirido inteligencia;
por tanto, he aborrecido todo camino de mentira.

SALMO 119:104

Levanto mi alma

A ti, oh Jehová, levantaré mi alma.
Dios mío, en ti confío;
no sea yo avergonzado,
no se alegren de mí mis enemigos.
Ciertamente ninguno de cuantos
esperan en ti será confundido;
serán avergonzados los que se rebelan sin causa.
Muéstrame, oh Jehová, tus caminos;
enséñame tus sendas.
Encamíname en tu verdad, y enséñame,
porque tú eres el Dios de mi salvación;
en ti he esperado todo el día.

SALMO 25:1–5

Mi escondedero y mi escudo eres tú;
en tu palabra he esperado.
Como escorias hiciste consumir
a todos los impíos de la tierra;
por tanto, yo he amado tus testimonios.

SALMO 119:114, 119

Nunca me defrauda

Anunciaré tu nombre a mis hermanos;
en medio de la congregación te alabaré.
Los que teméis a Jehová, alabadle;
glorificadle, descendencia toda de Jacob,
y temedle vosotros, descendencia toda de Israel.
Porque no menospreció ni abominó
la aflicción del afligido,
ni de él escondió su rostro;
sino que cuando clamó a él, le oyó.

Salmo 22:22–24

¡Cuán preciosos me son, oh Dios, tus pensamientos!
¡Cuán grande es la suma de ellos!
Si los enumero, se multiplican más que la arena;
despierto, y aún estoy contigo.

Salmo 139:17–18

Cariñoso Salvador,
Huyo de la tempestad
A tu seno protector,
Fiándome de tu bondad.
Sálvame, Señor Jesús,
De las olas del turbión:
Hasta el puerto de salud,
Guía tú mi embarcación.

CHARLES WESLEY

Dios es bueno

Aleluya.
Alabad a Jehová, porque él es bueno;
porque para siempre es su misericordia.
¿Quién expresará las poderosas obras de Jehová?
¿Quién contará sus alabanzas?
Dichosos los que guardan juicio,
los que hacen justicia en todo tiempo.
Acuérdate de mí, oh Jehová, según tu benevolencia
para con tu pueblo;
visítame con tu salvación,
para que yo vea el bien de tus escogidos,
para que me goce en la alegría de tu nación,
y me gloríe con tu heredad.

SALMO 106:1–5

Mi Dios eres tú, y te alabaré;
dios mío, te exaltaré.
Alabad a Jehová, porque él es bueno;
porque para siempre es su misericordia.

SALMO 118:28–29

Alaben la misericordia de Jehová,
y sus maravillas para con los hijos de los hombres.

SALMO 107:8

Los que son de tu grey han morado en ella;
por tu bondad, oh Dios, has provisto al pobre.

SALMO 68:10

¿Por qué te jactas de maldad, oh poderoso?
La misericordia de Dios es continua.

SALMO 52:1

Alabad a Jehová, porque él es bueno;
porque para siempre es su misericordia.

SALMO 107:1

Ciertamente es bueno Dios para con Israel,
para con los limpios de corazón.

SALMO 73:1

Adora al Señor

Porque Jehová es Dios grande,
y Rey grande sobre todos los dioses.
Porque en su mano están las
profundidades de la tierra,
y las alturas de los montes son suyas.
Suyo también el mar, pues él lo hizo;
y sus manos formaron la tierra seca.
Venid, adoremos y postrémonos;
arrodillémonos delante
de Jehová nuestro Hacedor.
Porque él es nuestro Dios;
nosotros el pueblo de su prado,
y ovejas de su mano.
Si oyereis hoy su voz.

SALMO 95:3-7

Me postraré hacia tu santo templo,
y alabaré tu nombre por tu misericordia
y tu fidelidad; porque has engrandecido
tu nombre, y tu palabra sobre todas las cosas.
El día que clamé, me respondiste;
me fortaleciste con vigor en mi alma.

SALMO 138:2-3

Jehová me aconseja

Jehová es la porción de mi herencia y
de mi copa; tú sustentas mi suerte.
Las cuerdas me cayeron en lugares deleitosos,
y es hermosa la heredad que me ha tocado.
Bendeciré a Jehová que me aconseja;
aun en las noches me enseña mi conciencia.
A Jehová he puesto siempre delante de mí;
porque está a mi diestra, no seré conmovido.

Salmo 16:5–8

Oh Dios, me enseñaste desde mi juventud,
y hasta ahora he manifestado tus maravillas.
Aun en la vejez y las canas, oh Dios,
no me desampares,
hasta que anuncie tu poder
a la posteridad,
y tu potencia a todos los
que han de venir.

Salmo 71:17–18

Mi fortaleza y mi cántico

Alabad a Jehová, porque él es bueno;
porque para siempre es su misericordia.
Diga ahora Israel,
que para siempre es su misericordia.
Diga ahora la casa de Aarón,
que para siempre es su misericordia.
Digan ahora los que temen a Jehová,
que para siempre es su misericordia.
Desde la angustia invoqué a JAH,
y me respondió JAH, poniéndome
en lugar espacioso.
Jehová está conmigo; no temeré
lo que me pueda hacer el hombre.
Jehová está conmigo entre los que me ayudan;
por tanto, yo veré mi deseo
en los que me aborrecen.
Mejor es confiar en Jehová
que confiar en el hombre.
Todas las naciones me rodearon;
mas en el nombre de Jehová yo las destruiré.
Mi fortaleza y mi cántico es JAH,
y él me ha sido por salvación.

SALMO 118:1-8, 10, 14

Señor, permite que el brillo de Tu amor
Resplandezca a través de todo mi ser.
Lléname con regocijo de lo alto
y sostenme con fortaleza divina.
Señor, permite que Tu luz en mi corazón
brille radiante y diáfana,
y que nunca se aparte de mí.

Margaret Fishback Powers

Todo lo que respire

Alabad a Dios en su santuario;
alabadle en la magnificencia de su firmamento.
Alabadle por sus proezas;
alabadle conforme a la muchedumbre de su grandeza.
Alabadle a son de bocina;
alabadle con salterio y arpa.
Alabadle con pandero y danza;
alabadle con cuerdas y flautas.
Alabadle con címbalos resonantes;
alabadle con címbalos de júbilo.
Todo lo que respira alabe a JAH.
Aleluya.

SALMO 150:1–6

Los reyes de la tierra y todos los pueblos,
los príncipes y todos los jueces de la tierra;
los jóvenes y también las doncellas,
los ancianos y los niños.
Alaben el nombre de Jehová,
porque sólo su nombre es enaltecido.
Su gloria es sobre tierra y cielos.

SALMO 148:11–13

$\mathcal{B}$endice, alma mía, a Jehová.
Jehová Dios mío, mucho te has engrandecido;
te has vestido de gloria y de magnificencia.
El que se cubre de luz como de vestidura,
que extiende los cielos como una cortina,
que establece sus aposentos entre las aguas,
el que pone las nubes por su carroza,
el que anda sobre las alas del viento;
el que hace a los vientos sus mensajeros,
y a las flamas de fuego sus ministros.
El fundó la tierra sobre sus cimientos;
no será jamás removida.

SALMO 104:1–5

¡$\mathcal{O}$h Jehová, Señor nuestro,
cuán glorioso es tu nombre en toda la tierra!
Has puesto tu gloria sobre los cielos.

SALMO 8:1

Celebra con alegría

*M*as yo en tu misericordia he confiado;
mi corazón se alegrará en tu salvación.
Cantaré a Jehová,
porque me ha hecho bien.

Salmo 13:5–6

*B*ienaventurado el pueblo que sabe aclamarte;
andará, oh Jehová, a la luz de tu rostro.
En tu nombre se alegrará todo el día,
y en tu justicia será enaltecido.

Salmo 89:15–16

*A*légrense los cielos, y gócese la tierra;
brame el mar y su plenitud.
Regocíjese el campo, y todo lo que en él está;
entonces todos los árboles del
bosque rebosarán de contento,
delante de Jehová que vino.

Salmo 96:11–13

El guarda al fiel

Oh Jehová, inclina tus cielos y desciende;
toca los montes, y humeen.
Despide relámpagos y disípalos,
envía tus saetas y túrbalos.
Envía tu mano desde lo alto;
redímeme, y sácame de las muchas aguas,
de la mano de los hombres extraños,
cuya boca habla vanidad,
y cuya diestra es diestra de mentira.
Oh Dios, a ti cantaré cántico nuevo;
con salterio, con decacordio cantaré a ti.
Tú, el que da victoria a los reyes,
el que rescata de maligna espada a David su siervo.

Salmo 144:5–10

Los que amáis a Jehová, aborreced el mal;
Él guarda las almas de sus santos;
de mano de los impíos los libra.

Salmo 97:10

El encamina al humilde

Bienaventurado el hombre que teme a Jehová,
y en sus mandamientos se deleita en gran manera.
Su descendencia será poderosa en la tierra;
la generación de los rectos será bendita.
Bienes y riquezas hay en su casa,
y su justicia permanece para siempre.

Salmo 112:1-3

Bueno y recto es Jehová;
por tanto, él enseñará a los pecadores el camino.
Encaminará a los humildes por el juicio,
y enseñará a los mansos su carrera.
Todas las sendas de Jehová son misericordia y verdad,
para los que guardan su pacto y sus testimonios.

Salmo 25:8-10

Porque tú, Señor, eres bueno y perdonador,
y grande en misericordia para con
todos los que te invocan.

Salmo 86:5

Todo lo que se relaciona con Dios es infinito.
Por lo tanto, aunque debemos mantener nuestros
corazones humildes, sí debemos tener grandes
aspiraciones. Nuestros más altos servicios son ...
finitos e imperfectos. Pero así como
Dios es inmensurable en bondad,
Él debe tener nuestro inmensurable amor.

HANNAH MORE

Jehová, nuestro escudo

Aunque un ejército acampe contra mí,
no temerá mi corazón;
aunque contra mí se levante guerra,
yo estaré confiado.
Una cosa he demandado a Jehová, ésta buscaré;
que esté yo en la casa de Jehová
todos los días de mi vida,
para contemplar la hermosura de Jehová,
y para inquirir en su templo.

SALMO 27:3–4

El rey no se salva por la multitud del ejército,
ni escapa el valiente por la mucha fuerza.
He aquí el ojo de Jehová sobre los que le temen,
sobre los que esperan en su misericordia.
Nuestra alma espera a Jehová;
nuestra ayuda y nuestro escudo es él.
Por tanto, en él se alegrará nuestro corazón,
porque en su santo nombre hemos confiado.
Sea tu misericordia, oh Jehová, sobre nosotros,
según esperamos en ti.

SALMO 33:16, 18, 20–22

Generosidad de Dios

El rey se alegra en tu poder, oh Jehová;
y en tu salvación, ¡cómo se goza!
Le has concedido el deseo de su corazón,
y no le negaste la petición de sus labios.
Porque le has salido al encuentro
con bendiciones de bien;
corona de oro fino has puesto sobre su cabeza.
Grande es su gloria en tu salvación;
honra y majestad has puesto sobre él.
Porque lo has bendecido para siempre;
lo llenaste de alegría con tu presencia.
Por cuanto el rey confía en Jehová,
y en la misericordia del Altísimo,
no será conmovido.

Salmo 21:1–3, 5–7

Porque sol y escudo es Jehová Dios;
gracia y gloria dará Jehová.
No quitará el bien a los que andan en integridad.
Jehová de los ejércitos,
dichoso el hombre que en ti confía.

Salmo 84:11–12

Perdón

Ayúdanos, oh Dios de nuestra salvación,
por la gloria de tu nombre;
Y líbranos, y perdona nuestros pecados
por amor de tu nombre.

Salmo 79:9

Clemente y misericordioso es Jehová,
Lento para la ira, y grande en misericordia.
Bueno es Jehová para con todos,
Y sus misericordias sobre todas sus obras.

Salmo 145:8–9

Bienaventurado aquel cuya transgresión
ha sido perdonada, y cubierto su pecado.

Salmo 32:1

Ten piedad de mí, oh Dios,
conforme a tu misericordia;
conforme a la multitud de tus
piedades borra mis rebeliones.

Por amor de tu nombre, oh Jehová,
perdonarás también mi pecado, que es grande.

Mira mi aflicción y mi trabajo,
y perdona todos mis pecados.

Perdonaste la iniquidad de tu pueblo;
todos los pecados de ellos cubriste.

No recuerdes contra nosotros
las iniquidades de nuestros antepasados;
vengan pronto tus misericordias a encontrarnos,
porque estamos muy abatidos.

Espera pacientemente

Guarda silencio ante Jehová, y espera en él. ... los
que esperan en Jehová, ellos heredarán la tierra.

Salmo 37:7, 9

Alma mía, en Dios solamente reposa,
porque de él es mi esperanza.
Él solamente es mi roca y mi salvación.
Es mi refugio, no resbalaré.
En Dios está mi salvación y mi gloria;
en Dios está mi roca fuerte, y mi refugio.

Salmo 62:5–7

Hubiera yo desmayado, si no creyese
que veré la bondad de Jehová
en la tierra de los vivientes.
Aguarda a Jehová;
esfuérzate, y aliéntese tu corazón;
sí, espera a Jehová.

Salmo 27:13–14

No puedo leer Sus planes futuros;
Pero esto sí sé;
Poseo la sonrisa de Su rostro,
Y todo el refugio de Su gracia,
Mientras estoy aquí abajo,
Mientras estoy aquí abajo.

¡Suficiente! Esto cubre todas mis necesidades,
Así que en esto descanso.
Porque lo que no puedo ver, Él sí lo ve,
Y bajo Su cuidado seguro estaré,
Para siempre bendecido,
Para siempre bendecido.

GEORGE STEBBINS

¡Exaltado seas, Señor!

Estad quietos, y conoced que yo soy Dios;
seré exaltado entre las naciones;
enaltecido seré en la tierra.

SALMO 46:10

Engrandécete, oh Jehová, en tu poder;
cantaremos y alabaremos tu poderío.

SALMO 21:13

Alaben el nombre de Jehová,
porque sólo su nombre es enaltecido.
Su gloria es sobre tierra y cielos.
Él ha exaltado el poderío de su pueblo;
alábenle todos sus santos, los hijos de Israel,
el pueblo a él cercano.

SALMO 148:13-14

Porque tú, Jehová, eres excelso sobre toda la tierra;
eres muy exaltado sobre todos los dioses.

SALMO 97:9

Voz de júbilo y de salvación
hay en las tiendas de los justos;
la diestra de Jehová hace proezas.
La diestra de Jehová es sublime;
la diestra de Jehová hace valentías.
No moriré, sino que viviré,
y contaré las obras de JAH.

Salmo 118:15–17

El norte y el sur, tú los creaste; ...
Tuyo es el brazo potente;
fuerte es tu mano, exaltada tu diestra.
Justicia y juicio son el cimiento de tu trono;
misericordia y verdad van delante de tu rostro.

Salmo 89:12–14

Mas tú, Jehová, para siempre eres Altísimo.
Porque he aquí tus enemigos, oh Jehová,
porque he aquí, perecerán tus enemigos;
serán esparcidos todos los que hacen maldad.

Salmo 92:8–9

Libre del temor

Cuando yo decía: Mi pie resbala,
Tu misericordia, oh Jehová, me sustentaba.
En la multitud de mis pensamientos dentro de mí,
Tus consolaciones alegraban mi alma.

<small>Salmo 94:18–19</small>

Busqué a Jehová, y él me oyó,
y me libró de todos mis temores.
Los que miraron a él fueron alumbrados,
y sus rostros no fueron avergonzados.
Este pobre clamó, y le oyó Jehová,
y lo libró de todas sus angustias.

<small>Salmo 34:4–6</small>

Jehová dará poder a su pueblo;
Jehová bendecirá a su pueblo con paz.

<small>Salmo 29:11</small>

Pero la salvación de los justos es de Jehová,
y él es su fortaleza en el tiempo de la angustia.

Salmo 37:39

Oh Jehová, oye mi oración, escucha mis ruegos;
respóndeme por tu verdad, por tu justicia.

Salmo 143:1

Díganlo los redimidos de Jehová,
los que ha redimido del poder del enemigo,
y los ha congregado de las tierras,
del oriente y del occidente,
del norte y del sur.
Anduvieron perdidos por el desierto,
por la soledad sin camino,
sin hallar ciudad en donde vivir.
Hambrientos y sedientos,
su alma desfallecía en ellos.
Entonces clamaron a Jehová en su angustia,
y los libró de sus aflicciones.

Salmo 107:2–6

Dador de sabiduría

Enséñanos de tal modo a contar nuestros días,
que traigamos al corazón sabiduría.

SALMO 90:12

Inclina mi corazón a tus testimonios,
y no a la avaricia.
Aparta mis ojos, que no vean la vanidad;
avívame en tu camino.

SALMO 119:36–37

El principio de la sabiduría es el temor de Jehová;
buen entendimiento tienen todos
los que practican sus mandamientos;
su loor permanece para siempre.

SALMO 111:10

He aquí, tú amas la verdad en lo íntimo,
y en lo secreto me has hecho comprender sabiduría.

SALMO 51:6

Desde el nacimiento del sol

Alabad, siervos de Jehová,
alabad el nombre de Jehová.
Sea el nombre de Jehová bendito
desde ahora y para siempre.
Desde el nacimiento del sol hasta donde se pone,
sea alabado el nombre de Jehová.

SALMO 113:1–3

Tuyo es el día, tuya también es la noche;
tú estableciste la luna y el sol.
Tú fijaste todos los términos de la tierra;
el verano y el invierno tú los formaste.

SALMO 74:16–17

Los cielos cuentan la gloria de Dios,
y el firmamento anuncia la obra de sus manos.
Un día emite palabra a otro día,
y una noche a otra noche declara sabiduría.
No hay lenguaje, ni palabras,
ni es oída su voz.

SALMO 19:1–3

En Su presencia

Cantad alegres a Dios,
habitantes de toda la tierra.
Servid a Jehová con alegría;
venid ante su presencia con regocijo.
Reconoced que Jehová es Dios;
él nos hizo, y no nosotros a nosotros mismos;
pueblo suyo somos, y ovejas de su prado.
Entrad por sus puertas con acción de gracias,
por sus atrios con alabanza;
alabadle, bendecid su nombre.
Porque Jehová es bueno;
para siempre es su misericordia,
y su verdad por todas las generaciones.

Salmo 100:1–5

Te alabaré, oh Jehová, con todo mi corazón;
Contaré todas tus maravillas.
Me alegraré y me regocijaré en ti;
Cantaré a tu nombre, oh Altísimo.

Salmo 9:1–2

No temeré

Dios es nuestro amparo y fortaleza,
nuestro pronto auxilio en las tribulaciones.
Por tanto, no temeremos,
aunque la tierra sea removida,
y se traspasen los montes al corazón del mar;
aunque bramen y se turben sus aguas,
y tiemblen los montes a causa de su braveza.

SALMO 46:1–3

Ten misericordia de mí, oh Dios, porque me
devoraría el hombre;
me oprime combatiéndome cada día.
Todo el día mis enemigos me pisotean;
porque muchos son los que pelean
contra mí con soberbia.
En el día que temo,
yo en ti confío.
En Dios alabaré su palabra;
en Dios he confiado; no temeré;
¿Qué puede hacerme el hombre?

SALMO 56:1–4

Mi guardador

Jehová es tu guardador;
Jehová es tu sombra a tu mano derecha.
El sol no te fatigará de día,
ni la luna de noche.
Jehová te guardará de todo mal;
Él guardará tu alma.
Jehová guardará tu salida y tu entrada
desde ahora y para siempre.

Salmo 121:5–8

Muestra tus maravillosas misericordias, tú
que salvas a los que se refugian a tu diestra,
de los que se levantan contra ellos.
Guárdame como a la niña de tus ojos;
escóndeme bajo la sombra de tus alas.

Salmo 17:7–8

Nuestro socorro está en el nombre de Jehová,
que hizo el cielo y la tierra.

Salmo 124:8

El es dueño de cada día

Hazme saber, Jehová, mi fin,
y cuánta sea la medida de mis días;
sepa yo cuán frágil soy.
He aquí, diste a mis días término corto,
y mi edad es como nada delante de ti;
ciertamente es completa vanidad todo hombre que vive.
Ciertamente como una sombra es el hombre;
ciertamente en vano se afana;
amontona riquezas, y no sabe quién las recogerá.
Y ahora, Señor, ¿qué esperaré?
Mi esperanza está en ti.

Salmo 39:4–7

Porque mil años delante de tus ojos
son como el día de ayer, que pasó,
y como una de las vigilias de la noche.

Salmo 90:4

Salvador misericordioso

Jehová me ha premiado conforme a mi justicia;
Conforme a la limpieza de mis
manos me ha recompensado.
Porque yo he guardado los caminos de Jehová,
Y no me aparté impíamente de mi Dios.
Pues todos sus juicios estuvieron delante de mí,
Y no me he apartado de sus estatutos.
Fui recto para con él, y me
he guardado de mi maldad,
Por lo cual me ha recompensado
Jehová conforme a mi justicia;
Conforme a la limpieza de mis manos
delante de su vista.

Salmo 18:20-24

Muchos dolores habrá para el impío;
mas al que espera en Jehová,
le rodea la misericordia.
Alegraos en Jehová y gozaos, justos;
y cantad con júbilo todos vosotros
los rectos de corazón.

Salmo 32:10-11

86

Amo a Jehová, pues ha oído
mi voz y mis súplicas;
porque ha inclinado a mí su oído;
por tanto, le invocaré en todos mis días.
Me rodearon ligaduras de muerte,
me encontraron las angustias del Seol;
angustia y dolor había yo hallado.
Entonces invoqué el nombre de Jehová, diciendo:
oh Jehová, libra ahora mi alma.
Clemente es Jehová, y justo;
sí, misericordioso es nuestro Dios.

SALMO 116:1–5

Tu siervo es además amonestado con ellos;
en guardarlos hay grande galardón.
¿Quién podrá entender sus propios errores?
Líbrame de los que me son ocultos.
Preserva también a tu siervo de las soberbias;
que no se enseñoreen de mí;
entonces seré íntegro,
y estaré limpio de gran rebelión.

SALMO 19:11–13

Nuestro refugio

El Señor es nuestra Roca,
en Él nos escondemos seguros,
cualquiera sea el mal que acontezca;
una sombra de día, una muralla de noche,
ningún temor nos alarma,
ningún enemigo nos asusta.
Las tormentas pueden rugir a nuestro alrededor,
pero nosotros jamás abandonaremos nuestro seguro refugio.
Oh Roca divina, Oh amado refugio,
sé nuestro Ayudador siempre cercano,
nuestro Refugio en tiempo de tormenta.

VERNON J. CHARLESWORTH

Si el Señor está con nosotros,
no tenemos nada porque temer.
Su ojo está sobre nosotros,
su brazo nos rodea,
su oído está presto a nuestra oración.

ANDREW MURRAY

Lámpara a mis pies

¿Con qué limpiará el joven su camino?
Con guardar tu palabra.
Con todo mi corazón te he buscado;
no me dejes desviarme de tus mandamientos.
En mi corazón he guardado tus dichos,
para no pecar contra ti.

Salmo 119:9–11

Por eso he amado tus mandamientos
más que el oro, y más que oro muy puro.
Por eso estimé rectos todos tus
mandamientos sobre todas las cosas,
y aborrecí todo camino de mentira.

Salmo 119:127–128

Lámpara es a mis pies tu palabra,
y lumbrera a mi camino.

Salmo 119:105

La ciudad de Dios

Grande es Jehová,
y digno de ser en gran manera alabado
En la ciudad de nuestro Dios, en su monte santo.
Hermosa provincia, el gozo de toda la tierra,
Es el monte de Sion, a los lados del norte,
La ciudad del gran Rey.
En sus palacios Dios es conocido por refugio. ...
En la ciudad de Jehová de los ejércitos, en la ciudad
de nuestro Dios;
La afirmará Dios para siempre.
Nos acordamos de tu misericordia, oh Dios,
En medio de tu templo.
Conforme a tu nombre, oh Dios,
Así es tu loor hasta los fines de la tierra;
De justicia está llena tu diestra.

Salmo 48:1–3, 8–10

Del río sus corrientes alegran la ciudad de Dios,
El santuario de las moradas del Altísimo.
Dios está en medio de ella; no será conmovida.
Dios la ayudará al clarear la mañana.

Salmo 46:4–5

Por Tu poder

Si Jehová no edificare la casa,
en vano trabajan los que la edifican;
Si Jehová no guardare la ciudad,
en vano vela la guardia.

Salmo 127:1

Por medio de ti sacudiremos a nuestros enemigos;
en tu nombre hollaremos a nuestros adversarios.
Porque no confiaré en mi arco,
ni mi espada me salvará;
Pues tú nos has guardado de nuestros enemigos,
y has avergonzado a los que nos aborrecían.

Salmo 44:5–7

Bendito Jehová Dios, el Dios de Israel,
el único que hace maravillas.
Bendito su nombre glorioso para siempre,
y toda la tierra sea llena de su gloria.

Salmo 72:18–19

Mi alma tiene sed

Como el ciervo brama por las corrientes de las aguas,
Así clama por ti, oh Dios, el alma mía.
Mi alma tiene sed de Dios, del Dios vivo.

<small>Salmo 42:1-2</small>

Dios, Dios mío eres tú;
de madrugada te buscaré;
mi alma tiene sed de ti, mi carne te anhela,
en tierra seca y árida donde no hay aguas,
para ver tu poder y tu gloria,
así como te he mirado en el santuario.
Porque mejor es tu misericordia que la vida;
mis labios te alabarán.
Así te bendeciré en mi vida;
en tu nombre alzaré mis manos.
Como de meollo y de grosura será saciada mi alma,
y con labios de júbilo te alabará mi boca.

<small>Salmo 63:1-5</small>

Espera a Jehová

Mi alma espera a Jehová
más que los centinelas a la mañana,
más que los vigilantes a la mañana.
Espere Israel a Jehová,
porque en Jehová hay misericordia,
y abundante redención con él;

SALMO 130:6–7

Tu salvación he esperado, oh Jehová,
y tus mandamientos he puesto por obra.
Mi alma ha guardado tus testimonios,
y los he amado en gran manera.

SALMO 119:166–167

A ti alcé mis ojos,
a ti que habitas en los cielos.
He aquí, como los ojos de los siervos
miran a la mano de sus señores,
y como los ojos de la sierva a la mano de su señora,
así nuestros ojos miran a Jehová nuestro Dios,
hasta que tenga misericordia de nosotros.

SALMO 123:1–2

Dios dijo y fue hecho

Por la palabra de Jehová fueron hechos los cielos,
Y todo el ejército de ellos por el aliento de su boca.
Él junta como montón las aguas del mar;
Él pone en depósitos los abismos.
Tema a Jehová toda la tierra;
Teman delante de él todos los habitantes del mundo.
Porque él dijo, y fue hecho;
Él mandó, y existió.

Salmo 33:6-9

Alaben el nombre de Jehová;
Porque él mandó, y fueron creados.
Los hizo ser eternamente y para siempre;
Les puso ley que no será quebrantada.
Alabad a Jehová desde la tierra,
Los monstruos marinos y todos los abismos;
El fuego y el granizo, la nieve y el vapor,
El viento de tempestad que ejecuta su palabra;
Los montes y todos los collados,
El árbol de fruto y todos los cedros;
La bestia y todo animal,
Reptiles y volátiles;

Salmo 148:5-10

Todas las generaciones

Generación a generación celebrará tus obras,
y anunciará tus poderosos hechos.

Salmo 145:4

Escucha, pueblo mío, mi ley;
inclinad vuestro oído a las palabras de mi boca.
Abriré mi boca en proverbios;
hablaré cosas escondidas desde tiempos antiguos,
las cuales hemos oído y entendido;
que nuestros padres nos las contaron.
No las encubriremos a sus hijos,
contando a la generación venidera
las alabanzas de Jehová,
y su potencia, y las maravillas que hizo.
Para que lo sepa la generación venidera,
y los hijos que nacerán;
Y los que se levantarán lo cuenten a sus hijos,
A fin de que pongan en Dios su confianza,
Y no se olviden de las obras de Dios;
Que guarden sus mandamientos.

Salmo 78:1–4, 6–7

Mi refugio

En ti, oh Jehová, he confiado; no sea yo confundido
jamás; Inclina a mí tu oído, líbrame pronto;
sé tú mi roca fuerte, y fortaleza para salvarme.
Porque tú eres mi roca y mi castillo;
por tu nombre me guiarás y me encaminarás.
Sácame de la red que han escondido para mí,
pues tú eres mi refugio.
En tu mano encomiendo mi espíritu;
tú me has redimido,
oh Jehová, Dios de verdad.

SALMO 31:1-5

Tú eres mi refugio;
me guardarás de la angustia;
con cánticos de liberación me rodearás.

SALMO 32:7

En Ti busco refugio

Entonces temerán todos los hombres,
y anunciarán la obra de Dios,
y entenderán sus hechos.
Se alegrará el justo en Jehová, y confiará en él;
y se gloriarán todos los rectos de corazón.

Salmo 64:9–10

Por tanto, a ti, oh Jehová, Señor, miran mis ojos;
en ti he confiado; no desampares mi alma.

Salmo 141:8

Mejor es confiar en Jehová
que confiar en príncipes.

Salmo 118:9

Mas Jehová me ha sido por refugio,
y mi Dios por roca de mi confianza.

Salmo 94:22

Clama a Jehová

Jehová te oiga en el día de conflicto;
el nombre del Dios de Jacob te defienda.
Te envíe ayuda desde el santuario,
y desde Sion te sostenga.
Haga memoria de todas tus ofrendas,
y acepte tu holocausto.

SALMO 20:1–3

A ti clamaré, oh Jehová.
Roca mía, no te desentiendas de mí,
para que no sea yo, dejándome tú,
semejante a los que descienden al sepulcro.
Oye la voz de mis ruegos cuando clamo a ti,
cuando alzo mis manos hacia tu santo templo.

SALMO 28:1–2

Jehová, castillo mío

Pero alégrense todos los que en ti confían;
den voces de júbilo para siempre,
porque tú los defiendes;
en ti se regocijen los que aman tu nombre.
Porque tú, oh Jehová, bendecirás al justo;
como con un escudo lo rodearás de tu favor.

Salmo 5:11–12

Con sus plumas te cubrirá,
Y debajo de sus alas estarás seguro;
Escudo y adarga es su verdad.

Salmo 91:4

Te amo, oh Jehová, fortaleza mía.
Jehová, roca mía y castillo mío, y mi libertador;
Dios mío, fortaleza mía, en él confiaré;
mi escudo, y la fuerza de mi salvación, mi alto refugio.
Invocaré a Jehová, quien es digno de ser alabado,
y seré salvo de mis enemigos.

Salmo 18:1–3

Misericordia y justicia

Júzgame, oh Jehová,
porque yo en mi integridad he andado;
he confiado asimismo en Jehová sin titubear.
Escudríñame, oh Jehová, y pruébame;
examina mis íntimos pensamientos y mi corazón.
Porque tu misericordia está delante de mis ojos,
y ando en tu verdad.

SALMO 26:1-3

Misericordia y juicio cantaré;
a ti cantaré yo, oh Jehová.
Entenderé el camino de la perfección
cuando vengas a mí.
En la integridad de mi corazón
andaré en medio de mi casa.

SALMO 101:1-2

En cuanto a mí,
en mi integridad me has sustentado,
y me has hecho estar delante de ti para siempre.

SALMO 41:12

Misericordia eterna

Mas la misericordia de Jehová es desde la
eternidad y hasta la eternidad
sobre los que le temen,
y su justicia sobre los hijos de los hijos;
sobre los que guardan su pacto,
y los que se acuerdan de sus mandamientos para
ponerlos por obra.

Salmo 103:17–18

Me gozaré y alegraré en tu misericordia,
porque has visto mi aflicción;
has conocido mi alma en las angustias.
No me entregaste en mano del enemigo;
pusiste mis pies en lugar espacioso.

Salmo 31:7–8

Mas tú, Señor, Dios misericordioso y clemente,
lento para la ira, y grande en misericordia y verdad.

Salmo 86:15

Le pertenece a Dios

De Jehová es la tierra y su plenitud;
el mundo, y los que en él habitan.
Porque él la fundó sobre los mares,
y la afirmó sobre los ríos.
¿Quién subirá al monte de Jehová?
¿Y quién estará en su lugar santo?
El limpio de manos y puro de corazón;
el que no ha elevado su alma a cosas vanas,
ni jurado con engaño.
Él recibirá bendición de Jehová,
y justicia del Dios de salvación.
Tal es la generación de los que le buscan,
de los que buscan tu rostro, oh Dios de Jacob.

SALMO 24:1-6

Tuyos son los cielos, tuya también la tierra;
El mundo y su plenitud, tú lo fundaste.

SALMO 89:11

Señor, ya no me pertenezco,
sino que soy Tuyo.
Ponme a hacer lo que quieras,
Compárame con quien quieras.
Permíteme ser Tu empleado,
O ser apartado para Ti,
Exaltado para Ti,
O empequeñecido por Ti.
Permíteme tener todo,
O no tener nada.
Libre y sinceramente rindo todo
A Tu placer y disposición.
Y ahora,
Oh glorioso y bendito Dios,
Padre,
Hijo,
Y Espíritu Santo,
Eres mío
Y yo soy Tuyo.
Así sea.
Amén.

JOHN WESLEY

Pacificadores bendecidos

¡Mirad cuán bueno y cuán delicioso es
habitar los hermanos juntos en armonía!
Es como el buen óleo sobre la cabeza,
el cual desciende sobre la barba,
la barba de Aarón,
y baja hasta el borde de sus vestiduras.

SALMO 133:1–2

Pon guarda a mi boca, oh Jehová;
guarda la puerta de mis labios.

SALMO 141:3

Yo dije: Atenderé a mis caminos,
Para no pecar con mi lengua.

SALMO 39:1

Apártate del mal, y haz el bien;
busca la paz, y síguela.
Los ojos de Jehová están sobre los justos,
y atentos sus oídos al clamor de ellos.

SALMO 34:14–15

Sobre mis alturas

[Dios] te dé conforme al deseo de tu corazón,
y cumpla todo tu consejo.
Nosotros nos alegraremos en tu salvación,
y alzaremos pendón en el nombre de nuestro Dios;
conceda Jehová todas tus peticiones.

Salmo 20:4-5

Dios es el que me ciñe de poder,
y quien hace perfecto mi camino;
quien hace mis pies como de ciervas,
y me hace estar firme sobre mis alturas;
me diste asimismo el escudo de tu salvación;
tu diestra me sustentó,
y tu benignidad me ha engrandecido.
Ensanchaste mis pasos debajo de mí,
y mis pies no han resbalado.

Salmo 18:32-33, 35-36

Contempla Sus obras

¡Cuán innumerables son tus obras, oh Jehová!
Hiciste todas ellas con sabiduría;
la tierra está llena de tus beneficios.
He allí el grande y anchuroso mar,
en donde se mueven seres innumerables,
seres pequeños y grandes.
Allí andan las naves;
allí este leviatán que hiciste para que jugase en él.
Todos ellos esperan en ti,
para que les des su comida a su tiempo.
Les das, recogen;
abres tu mano, se sacian de bien.
Escondes tu rostro, se turban;
les quitas el hálito, dejan de ser,
Y vuelven al polvo.
Envías tu Espíritu, son creados,
y renuevas la faz de la tierra.
Sea la gloria de Jehová para siempre;
alégrese Jehová en sus obras.

SALMO 104:24-31

En la hermosura de la gloria de tu magnificencia,
y en tus hechos maravillosos meditaré.
Del poder de tus hechos
estupendos hablarán los hombres,
y yo publicaré tu grandeza.
Proclamarán la memoria de tu inmensa bondad,
y cantarán tu justicia.

Salmo 145:5–7

Alaben la misericordia de Jehová,
y sus maravillas para con los hijos de los hombres;
ofrezcan sacrificios de alabanza,
y publiquen sus obras con júbilo.

Salmo 107:21–22

Gracias te damos, oh Dios, gracias te damos,
pues cercano está tu nombre;
los hombres cuentan tus maravillas.

Salmo 75:1

Mañana y noche

Bueno es alabarte, oh Jehová,
y cantar salmos a tu nombre, oh Altísimo;
anunciar por la mañana tu misericordia,
y tu fidelidad cada noche.

SALMO 92:1-2

Jehová miró desde los cielos sobre
los hijos de los hombres,
para ver si había algún entendido,
que buscara a Dios.

SALMO 14:2

De mañana sácianos de tu misericordia,
y cantaremos y nos alegraremos todos nuestros días.

SALMO 90:14

Está atento a la voz de mi clamor,
Rey mío y Dios mío,
Porque a ti oraré.
Oh Jehová, de mañana oirás mi voz;
De mañana me presentaré delante de ti, y esperaré.

SALMO 5:2-3

Comerán los humildes, y serán saciados;
alabarán a Jehová los que le buscan;
vivirá vuestro corazón para siempre.

Salmo 22:26

Alabad a Jehová, invocad su nombre;
dad a conocer sus obras en los pueblos.
Cantadle, cantadle salmos;
hablad de todas sus maravillas.
Gloriaos en su santo nombre;
alégrese el corazón de los que buscan a Jehová.
Buscad a Jehová y su poder;
buscad siempre su rostro.
Acordaos de las maravillas que él ha hecho,
de sus prodigios y de los juicios de su boca,
oh vosotros, descendencia de Abraham su siervo,
hijos de Jacob, sus escogidos.

Salmo 105:1–6

Sustentador amoroso

Los leoncillos rugen tras la presa,
y para buscar de Dios su comida.
Sale el sol, se recogen,
y se echan en sus cuevas.
Sale el hombre a su labor,
y a su labranza hasta la tarde.
¡Cuán innumerables son tus obras, oh Jehová!
Hiciste todas ellas con sabiduría;
la tierra está llena de tus beneficios.

SALMO 104:21-24

Pidieron, e hizo venir codornices;
y los sació de pan del cielo.
Abrió la peña, y fluyeron aguas;
corrieron por los sequedales como un río.
Porque se acordó de su santa palabra
dada a Abraham su siervo.
Sacó a su pueblo con gozo;
con júbilo a sus escogidos.

SALMO 105:40-43

Vuélveme el gozo

Purifícame con hisopo, y seré limpio;
lávame, y seré más blanco que la nieve.
Esconde tu rostro de mis pecados,
y borra todas mis maldades.
Crea en mí, oh Dios, un corazón limpio,
y renueva un espíritu recto dentro de mí.
No me eches de delante de ti,
y no quites de mí tu santo Espíritu.
Vuélveme el gozo de tu salvación,
y espíritu noble me sustente.

SALMO 51:7, 9–12

Los que sembraron con lágrimas,
con regocijo segarán.
Irá andando y llorando el que lleva
la preciosa semilla;
Mas volverá a venir con regocijo,
trayendo sus gavillas.

SALMO 126:5–6

Cuando veo

Cuando veo tus cielos, obra de tus dedos,
La luna y las estrellas que tú formaste,
Digo: ¿Qué es el hombre, para que tengas
de él memoria,
Y el hijo del hombre, para que lo visites?
Le has hecho poco menor que los ángeles,
Y lo coronaste de gloria y de honra.
Le hiciste señorear sobre las obras de tus manos;
Todo lo pusiste debajo de sus pies:
Ovejas y bueyes, todo ello,
Y asimismo las bestias del campo,
Las aves de los cielos y los peces del mar;
Todo cuanto pasa por los senderos del mar.
¡Oh Jehová, Señor nuestro,
Cuán grande es tu nombre en toda la tierra!

Salmo 8:3–9

Qué alegría inexpresable para mí el mirar a través de las flores de manzana y las hojas revoloteando, y ver allí el amor de Dios; escuchar al tordo que ha hecho su nido en medio de esas hojas, y sentir el amor de Dios, quien cuida de las aves, en cada nota que brota de sus pequeñas gargantas; mirar más allá de las profundidades del brillante azul del cielo y sentir que son un toldo de bendición —el techo de la casa de mi Padre.

Elizabeth Rundell Charles

Sus promesas son genuinas

En cuanto a Dios, perfecto es su camino,
y acrisolada la palabra de Jehová;
escudo es a todos los que en él esperan.

SALMO 18:30

Venga a mí tu misericordia, oh Jehová;
tu salvación, conforme a tu dicho.
Y daré por respuesta a mi avergonzador,
que en tu palabra he confiado.
No quites de mi boca en ningún
tiempo la palabra de verdad,
porque en tus juicios espero.
Guardaré tu ley siempre,
para siempre y eternamente.
Y andaré en libertad,
porque busqué tus mandamientos.
Hablaré de tus testimonios delante de los reyes,
y no me avergonzaré;
y me regocijaré en tus mandamientos,
los cuales he amado.
Alzaré asimismo mis manos a tus
mandamientos que amé,
y meditaré en tus estatutos.

SALMO 119:41–48

Apartaré la carga

Aparté su hombro de debajo de la carga;
sus manos fueron descargadas de los cestos.
En la calamidad clamaste, y yo te libré;
te respondí en lo secreto del trueno.

SALMO 81:6–7

Por cuanto en mí ha puesto su amor,
yo también lo libraré;
le pondré en alto, por cuanto ha
conocido mi nombre.
Me invocará, y yo le responderé;
con él estaré yo en la angustia;
lo libraré y le glorificaré.
Lo saciaré de larga vida,
y le mostraré mi salvación.

SALMO 91:14–16

¿Quién como Jehová?

Celebrarán los cielos tus maravillas, oh Jehová,
Tu verdad también en la congregación de los santos.
Porque ¿quién en los cielos se igualará a Jehová?
¿Quién será semejante a Jehová
entre los hijos de los potentados?
Dios temible en la gran
congregación de los santos,
y formidable sobre todos cuantos
están alrededor de él.

Salmo 89:5-7

Tu trono, oh Dios, es eterno y para siempre;
cetro de justicia es el cetro de tu reino.
Has amado la justicia y aborrecido la maldad;
por tanto, te ungió Dios, el Dios tuyo,
con óleo de alegría más que a tus compañeros.

Salmo 45:6-7

En el día de mi angustia te llamaré,
porque tú me respondes.
Oh Señor, ninguno hay como tú entre los dioses,
ni obras que igualen tus obras.
Todas las naciones que hiciste vendrán
y adorarán delante de ti, Señor,
y glorificarán tu nombre.

SALMO 86:7–9

Excelso sobre todas las naciones es Jehová,
sobre los cielos su gloria.
¿Quién como Jehová nuestro Dios,
que se sienta en las alturas,
que se humilla a mirar
en el cielo y en la tierra?

SALMO 113:4–6

Venid, y ved las obras de Dios,
temible en hechos sobre los hijos de los hombres.

SALMO 66:5

Sacrificio del corazón

Yo sacrificaré en su
tabernáculo sacrificios de júbilo;
cantaré y entonaré alabanzas a Jehová.

SALMO 27:6

Sobre mí, oh Dios, están tus votos;
te tributaré alabanzas.
Porque has librado mi alma de la muerte,
y mis pies de caída,
para que ande delante de Dios
en la luz de los que viven.

SALMO 56:12–13

Señor, abre mis labios,
y publicará mi boca tu alabanza.
Porque no quieres sacrificio, que yo lo daría;
no quieres holocausto.
Los sacrificios de Dios son
el espíritu quebrantado;
al corazón contrito y humillado
no despreciarás tú, oh Dios.

SALMO 51:15–17

Tú permanecerás

Visitas la tierra, y la riegas;
en gran manera la enriqueces; ...
Tú coronas el año con tus bienes,
y tus nubes destilan grosura.
Destilan sobre los pastizales del desierto,
y los collados se ciñen de alegría.
Se visten de manadas los llanos,
y los valles se cubren de grano;
Dan voces de júbilo, y aun cantan.

SALMO 65:9, 11-13

Desde el principio tú fundaste la tierra,
y los cielos son obra de tus manos.
Ellos perecerán, mas tú permanecerás; ...
Pero tú eres el mismo,
y tus años no se acabarán.

SALMO 102:25-27

Justicia y paz

Pero los mansos heredarán la tierra,
y se recrearán con abundancia de paz.

SALMO 37:11

Escucharé lo que hablará Jehová Dios;
porque hablará paz a su pueblo y a sus santos, ...
Ciertamente cercana está su
salvación a los que le temen,
para que habite la gloria en nuestra tierra.
La misericordia y la verdad se encontraron;
la justicia y la paz se besaron.
La verdad brotará de la tierra,
y la justicia mirará desde los cielos.
Jehová dará también el bien,
y nuestra tierra dará su fruto.
La justicia irá delante de él,
y sus pasos nos pondrá por camino.

SALMO 85:8–13

Considera al íntegro, y mira al justo;
porque hay un final dichoso para el hombre de paz.

SALMO 37:37

Acude a librarme

Oh Dios, acude a librarme;
apresúrate, oh Dios, a socorrerme.
Sean avergonzados y confundidos
los que buscan mi vida; sean vueltos atrás
y avergonzados los que mi mal desean.
Sean vueltos atrás, en pago de su afrenta hecha,
los que dicen: ¡Ah! ¡Ah!
Gócense y alégrense en ti todos los que te buscan,
y digan siempre los que aman tu salvación:
engrandecido sea Dios.
Yo estoy afligido y menesteroso;
apresúrate a mí, oh Dios.
Ayuda mía y mi libertador eres tú;
oh Jehová, no te detengas.

Salmo 70:1–5

Vuélvete, oh Jehová, libra mi alma;
Sálvame por tu misericordia.

Salmo 6:4

Las misericordias de Jehová cantaré perpetuamente;
De generación en generación haré notoria
tu fidelidad con mi boca.

Salmo 89:1

Escucha mi oración

*J*ehová Dios de los ejércitos, oye mi oración;
escucha, oh Dios de Jacob.
Mira, oh Dios, escudo nuestro,
y pon los ojos en el rostro de tu ungido.

SALMO 84:8–9

*R*espóndeme cuando clamo,
oh Dios de mi justicia.
Cuando estaba en angustia, tú me hiciste ensanchar;
ten misericordia de mí, y oye mi oración.

SALMO 4:1

*J*ehová será refugio del pobre,
refugio para el tiempo de angustia.
En ti confiarán los que conocen tu nombre,
por cuanto tú, oh Jehová,
no desamparaste a los que te buscaron.
Cantad a Jehová, que habita en Sion;
publicad entre los pueblos sus obras. ...
[Jehová] No se olvidó del clamor de los afligidos.

SALMO 9:9–12

Levanta las manos que caen,
Con fe y oración;
Sostén las rodillas tambaleantes...
Irrumpe en el trono de la gracia
Y persevera allí, y la misericordia descenderá.

JOHN WESLEY

Las que pueden parecer nuestras peores oraciones
Realmente pueden ser, ante los ojos de Dios, las mejores.
Es decir, esas que menos se apoyan
en un sentimiento devocional.
Porque es posible que esas nazcan
de un lugar más profundo que el sentimiento.
A veces, Dios parece hablarnos
más íntimamente cuando Él nos sorprende
como si estuviéramos desprevenidos.

C. S. LEWIS

*Las misericordias de Jehová
cantaré perpetuamente;
De generación en generación
haré notoria tu fidelidad con mi boca.*

Salmo 89:1